一片冰心

百首诗歌献给党

葛元利 著

中国出版集团有限公司
華文出版社

图书在版编目（CIP）数据

一片冰心：百首诗歌献给党 / 葛元利著. -- 北京：华文出版社, 2021.12（2025. 1重印）

ISBN 978-7-5075-5503-5

Ⅰ. ①一… Ⅱ. ①葛… Ⅲ. ①诗集 – 中国 – 当代 Ⅳ. ①I227

中国版本图书馆CIP数据核字(2021)第195325号

一片冰心：百首诗歌献给党

作　　者：葛元利
出版发行：华文出版社
地　　址：北京市西城区广外大街305号8区2号楼
邮政编码：100055
网　　址：http: //www.hwcbs.cn
责任编辑：闫丽娜
电　　话：编辑部010-58336279
　　　　　总编室010-58336239
　　　　　发行部010-58336202
经　　销：新华书店
印　　刷：三河市天润建兴印务有限公司
开　　本：889mm × 1194mm 1/32
印　　张：9
字　　数：72千
版　　次：2021 年12月第1版
印　　次：2025 年1月第 2次印刷
标准书号：ISBN 978-7-5075-5503-5
定　　价：69.80 元

一片冰心

题词：贺凯琳

序言：赤子少年诗意情

葛元利是一个让我惊讶的孩子——一个二十几岁初入社会的小孩，不仅能够关注这样宏大题材的作品，竟然还能写作这样题材的作品。

朋友带给我葛元利的《扶贫日记》《青春不惧岁月长》以及这本诗集的手稿，通过这三部作品，我大致可以从不同层面观察这个孩子的内心——《青春不惧岁月长》最是符合他这个年纪的作品，感叹、记录与青春有关的一切人、事、物，落笔便成了永恒的定格，在这部作品中，我看到一个孩子成长中坚韧不拔、温柔善良的美好。《扶贫日记》与前者截然相反，我看到一个初出茅庐的孩子对于社会的思考与对弱者的同理心，温柔善良的底色里绽放着思想的小花。而这部即将出版的诗集，带着滚烫的热忱与明亮的热爱，以赤子情怀表达着对党和国家以及经过艰苦奋斗沉淀下来的党史的崇敬，清澈又明朗。作者在这样的年纪，拥有这样的情怀与意识，实属难得。

通读诗稿，我能够感受到作者写作时的小心翼翼。诗集中很多诗歌从历史事件中提取意象，构建形象，避免主观，这也是我为什么说他小心翼翼。但这并不妨碍情感在字里行间流溢。虽然诗稿中的诗歌大部分是在勾勒历史事件背后的精神品质，但也融入了作者自己的情感，这就让我惊叹作者内心世界的丰富以及情感的细腻。就像为内蒙古自治区成立60周年而作的《以后要做的事》这首诗中，作者“我”进入诗中：“如果以后有了爱人/我要带她去内蒙古/在草原的夜里收纳星光/也在荒漠的尽头/看三次日升日落”，生动形象地将个人的浪漫主义与内蒙古的地理特征融会贯通。还有为

2019年的大事件中华人民共和国成立70周年而作的《我投入你怀抱》一样，也有很生动的“我”的存在：“我今年不过二十四岁/骨瘦如柴　手无缚鸡力/但胸口有按不住的热/她的颜色和国旗一样/他的温度与大地一致/说爱　对我这种半大的男生来说/是羞涩 是面红耳赤的躲闪/但这爱确是真的/他在我肩上的明月莺飞/也在我脚下的实践求真”等等。他诗中无意间流露出的“我”，不仅表现了作者情感的丰富、细腻，也印证了我通过《青春不惧岁月长》与《扶贫日记》对他精神品质形象的白描——清澈明朗，温柔善良，我想我是对的。

其实，内蒙古已经走出很多青年作家，他们的笔触或豪迈或细腻，但作品的骨子里都有着质朴真诚的共性。看到葛元利的作品，我很欣慰，欣慰于这个从呼伦贝尔、从内蒙古走出去的青年作家，不仅自己有着不错的写作功底，同时也得到了所在公司的支持。青年的成长需要正向的引导，青年作家的成长更需要正向的引导。关于成长，听过太多的励志故事，困苦环境的磨砺是一方面，但天时地利人和也是同样重要的因素。所以我很期待看到葛元利的新作品出版，也希望他能在文学的道路上继续坚持与茁壮。

艾平
中国作家协会会员，中国散文学会理事
曾获百花文学奖华语最佳散文奖、三毛散文奖等

目　录 CONTENTS

★1921年中国共产党成立★

习近平总书记指出，上海党的一大会址、嘉兴南湖红船，是中国共产党梦想起航的地方。中国共产党的建立，充分展现了开天辟地、敢为人先的首创精神，坚定理想、百折不挠的奋斗精神，立党为公、忠诚为民的奉献精神。这是红船精神的内涵，是中国革命精神之源、精神之基、精神之本。

序歌：红船

你没有母亲的乳汁
但却在沉静中
托起母亲的生命
——他们说你是母亲船

要有多少次的阵痛
才能孕育一次伟大的诞生
就像这死寂的湖面
只有洒下阳光
波光才能粼粼如生如栩

长腿长嘴的水鸟在此刻安静
因有你的泊靠
那一纹纹远去的涟漪
也在粼粼中有了生命的律动

太阳或许真的不只挂在天上

有人在风中告密

这秘密却拨开乌云

让注满浓稠岁月的阳光

点亮湖面

也照见你鲜红的躯体

图题：《悠悠红船》

插画：马银雪

★1922年香港海员大罢工★

从1922年1月开始到1923年2月，中国共产党领导的工人运动形成第一次高潮，这次高潮的起点是香港海员大罢工。这场罢工斗争坚持56天，终于取得胜利，有力地打击了帝国主义者的嚣张气焰，极大地鼓舞了中国工人阶级，推动了工人运动的发展。

罢工

他们放下手中的工具
在星光晦暗的地方
清理腹中沉睡的齿轮
还有斑驳古船上的
旧时光

他们像是契守着同一个约定
没有一个人回头看
其实不用看也知道
阳光不曾在这里
普渡众生

宇宙将万物分明
但不会因种族与肤色区分优劣
大海不会　星辰也不会

但　有人会的

尽管他们也不会

但他们却已被定义

无辜的生命　流汗流泪流血

许是看清了吧

所以他们才会放下手中的工具

让腹中的齿轮重新转动

每天帮别人管理机械的他们

也是时候赋予自己生命

以钢铁意志了

★1923年京汉铁路工人大罢工★

在中国共产党的组织和领导下，1923年2月1日，京汉铁路总工会在郑州召开成立大会，并决定于2月4日在京汉铁路举行全体总罢工。很快，全国各地掀起了打倒军阀、支援京汉铁路工人的运动。2月7日，反动军阀吴佩孚调动军警残酷镇压罢工运动。2月9日，京汉铁路总工会下令复工，大罢工宣告结束。

铁路

两条永不相交的线

就那么固执地横卧在那里

青草、枯叶，还有大雪和石头

都没能焐热他冰冷的身体

有人说他们不是彼此坚守

而是共赴

有人说他们的固执不在远方

而是沿途……

他们的故事太多人讲述了太多版本

但故事的起点却只有一个

——一千二百公里的瘫痪

或许吧　他们的固执没有意义

悲怆的结局从开始就已注定

可谁又能说那一列列脱轨的列车

不是一颗颗胜利的果实

那静默的横卧　那冰冷的固执

也是满怀热烈的希望的

总有一辆列车

会从朔风中驶来

奔赴春天

沿路卷起花瓣漫天

★1924年国共实现第一次合作★

1923年党的三大正式决定共产党员以个人身份加入国民党。1924年1月国民党一大事实上确立了联俄、联共、扶助农工的三大政策，成为第一次国共合作的政治基础。国民党一大的召开，标志着第一次国共合作正式形成。

相遇的两个人

两只手握在一起的温度
是彼此掌温的累加
还是 36.1 摄氏度的冷漠触碰？
时间已然给出了答案
历史沉默记录　然后翻篇

月光穿越大川与大河
从不挑剔夜色的晦暗
即使月华最终去向不明
但它所到之处
仍留有家国的愁思与哀叹

有人双手粗粝
在风中掐灭半截烟卷
留下一半放回胸前的口袋

有人在洋房里擦拭军靴

细心吹落鞋底尘埃

他们相遇又握手

在家国的愁思与哀叹中

被历史书写

也书写历史

★1925 年五卅运动★

1925年5月15日，日本资本家枪杀工人、共产党员顾正红，打伤工人十余人，激起广大群众的极大愤怒。5月30日，英国巡捕开枪打死举行抗议活动的学生、工人等13人，制造了震惊中外的五卅惨案。从6月1日起，上海各界民众结成反帝联合战线，全市开始声势浩大的反对帝国主义的总罢工、总罢课、总罢市，这就是五卅运动。

觉醒

把拳头高高举起
不挽留风　也不捕捉云
就像飞鸟驮起白昼
泛白的指节　在颤抖中
撑着天地一角

让阳光在这片天地尽情洒落
风中有花海的馥郁
是五月的花海
云端有云雀的鸣唱
他们在尘埃飞扬的市井街头
守护着五月的自由

罢工罢市罢课
放下生活的所有　不是放弃生活

杯水车薪　釜底抽薪

像是万物在晨曦中的一个哈欠

对得起这一场希望的觉醒

★1926 年北伐战争★

在中国共产党的推动下，1926年7月9日，广东国民政府领导的国民革命军十万人正式出师北伐。在短短10个月的时间里，北伐军从广州打到武汉、上海、南京，歼敌数十万人，占领了半个中国，取得了伟大的胜利，国共合作结出了丰硕成果。

一路向北

西伯利亚冷高压还在无形中聚合
朔风在这时一路南下
卷积枯草　卷积砂砾
还有那尚未消融的冰雪
逆行的北上路　就连这稀松如常的
人间光景　都是
向前迈进的绊脚石

许是石头缝里的嫩芽更可爱
在选择加入挺身北上时
根系早已在华夏大地的脉搏里
一边雀跃　一边发散
雀跃着找寻到了另一条出路
发散着将脚下的土地包裹得更紧实

或许世间本就没有恒定
但即便中途的断崖
也一定因曾经的平坦
而在岩壁上留有古人的足迹
就像帽子峰北坡的葱茏
风吹而过
依旧是一路向北的姿态

★1927 年秋收起义★

1927年9月9日，湘赣边界秋收起义爆发。在进攻长沙受挫后，以毛泽东为书记的前敌委员会决定到敌人控制比较薄弱的山区寻求立足地，以保存革命力量。从进攻大城市转为向农村进军，这是中国人民革命发展史上具有决定意义的新起点。

麦穗上的云

白色的云朵在天空汹涌

金色的麦穗在大地澎湃

在这汹涌澎湃间

有人用镰刀和斧头

收割果实

也收获希望

一旁的罗霄山脉

安静横卧

用那连绵的背脊

自泥土地里挺起的背脊

撑起苍翠连亘数十里

承载春夏秋冬的生生不息

生生不息的　不只有四季
还有山上将拳头高举过头顶的人们
罗霄山脉没有触碰到的云朵
他们用来装点金色麦穗

★1928 年井冈山会师★

1928年4月，朱德、陈毅率南昌起义保留下来的小部分部队和湘南起义农军一万余人陆续转移到井冈山地区，与毛泽东领导的部队在宁冈砻市会师。会师后，两军合编为工农革命军第四军，朱德任军长，毛泽东任党代表和军委书记。

山的使命

尽管山在流年中沉默不语
但春天没有将它忘却
披上新绿　打个花骨朵结
拂去寒冬肃杀　安静又紧张地
迎接远道的客人

生命自哪一缕春风生发
总是让人捉摸不透
但希望
却在两手相握的那一刹
明晃晃地出现了

★1929年古田会议★

1929年9月28日，周恩来审定并签发《中共中央给红四军前委的指示信》(史称“九月来信”。)1929年12月28日，中国共产党红军第四军第九次代表大会在福建上杭县古田村召开，史称“古田会议”。会议根据中央“九月来信”精神，通过的由毛泽东主持起草的《中国共产党红军第四军第九次代表大会决议案》，成为中国共产党和红军建设的纲领性文件。

九月来信

阳光灿烂　又是收获的季节
九月的空气里不仅有稻香
还有信中溢出的墨香

如果开启信件是一种仪式
那么一场大会一个决议
需要多少仪式的铺垫
或许六列桌与凳
以及一条横幅
就可以诠释
怀有希望的人
前进的路上懂得回头
因为曙光永远在前方
而来时的路才是抵达终点的秘密

★1930年毛泽东撰写《星星之火 可以燎原》★

1930年，为答复一封对红军前途究竟如何的信，毛泽东写下了这封回信，后题目改为《星星之火　可以燎原》。在这篇文章中，毛泽东针对红四军内部弥漫的悲观情绪进行了一次系统的批评，阐明他对中国革命和红军前途的看法，开始形成“农村包围城市、武装夺取政权”的思想。

星光

展开一封信　便有星星洒落
他们在天上是眼睛
落地便成了火种
给予世间以光亮
也给予世间以温暖

世间的每个夜晚
都有大风在莽原狂奔
万物在战栗中低下头颅
而摧枯拉朽间
明明灭灭的　有天上的星
也有地上的人

星光与星光汇聚

银河便将天地串联

火种与火种彼此点燃

莽原的夜

也在光亮里生发温暖

★1931年九一八事变★

1931年9月18日深夜，根据不平等条约驻扎在中国东北的日本关东军，向中国军队驻地北大营和沈阳城发动进攻。这就是九一八事变。第二天，日军占领沈阳。至1932年2月，辽宁、吉林、黑龙江三省沦为日本的占领地。

九一八的夜

不想再经历的黑暗
是一九三一年九月十八日的夜
那一晚
南满铁路鲜血淋淋
那一晚
柳条湖的泪水苦涩难咽
黑暗在三千万同胞的头顶呼啸
比东北往年的寒冬更凛冽
可在这收获的季节啊
连麦田的金黄都不再明艳
挺直脊背
是麦子最后的尊严
也是三千万同胞的选择
夜虫的鸣叫死于炮火
东北的热情止于断杀
一九三一年九月十八日的黑暗
是不想再重复的夜晚

★1932年一·二八事变★

日本侵占东北三省以后，又很快在上海发动侵略战争。1932年1月28日夜，日军发动对上海闸北区的进攻，即一·二八事变。蔡廷锴、蒋光鼐率领的第十九路军进行了英勇抵抗。中国共产党通过上海党组织发动群众，支援前线。

火光里的钟声

火光冲天

点燃黑夜

也照亮白昼

不只火光　不只黑夜与白昼

还有不屈的红色心脏

同频跳动的心脏

在同一刻律动的浩瀚回响

三小时　十二小时　火舌烧燎

但炙热与挚热本就不同

烈火可以熊熊

但爱并不可燃

团结也不会就此迸散

如果战争是时钟的指针

那浩瀚的回响

必是每一刻钟警醒的喷薄

在白昼敲响　在黑夜敲响

也在这冲天的火光中振聋发聩

★1933年中央革命根据地第四次反"围剿"★

1933年2—3月，国民党在结束了对鄂豫皖、湘鄂西的第四次"围剿"后，调集三十多个师的兵力，分左、中、右三路，采用"分进合击"的战术，向中央根据地发动第四次"围剿"。红一方面军在周恩来、朱德的指挥下，取得了第四次反"围剿"的重大胜利。此后，中央苏区与闽浙赣苏区连成一片，红军迅速扩大到八万多人。

汇聚的光

潮湿的风从这里吹过
在骨子里烙印下坚韧
奔走在赣粤闽间的山陵之上
树木挺拔身姿抚摸苍穹蔚蓝
仿佛这样　光明的距离就会更近些
风的尽头是大地辽远的尽头
这里的火种在风中聚散明灭
终是汇聚燎原

每一支奋力抵抗的小队
都像一缕光
四下分散着照射这片青山秀水
在每一次的交汇里
在每一刻的触碰中
照亮风和土地的模样
也照见皇天后土里的红色旗帜

★1934 年长征开始★

长征是中国工农红军主力从长江以南各革命根据地向陕甘革命根据地会合的战略转移。1934年10月，中央红军主力红一方面军离开中央革命根据地开始长征。同年11月和次年4月，在鄂豫皖革命根据地的红二十五军和川陕革命根据地的红四方面军分别离开原有根据地开始长征。1935年11月，在湘鄂川黔革命根据地的红二、红六军团也离开根据地开始长征。

征程

风雨草木　在步履间度量见证
从起点到终点　二万五千里不只是路
还有生命的如织如川
沿路　没有一座山峰弯下腰
也没有一片荒原蜷缩身体
一步一个脚印　烙印决心
也见证伟大与广袤

风可以从四面八方吹来
但征程的终点只有一个
从迈出的第一步开始
雪山上的圣光　沼泽下的混沌
便都有了各自应有的姿态
在每一个熟悉的黎明
和陌生的黄昏
翘首　目送
拦截　铺路

图题：《那一抹红》

插画：王安南

★1935年召开遵义会议★

1935年1月15日至17日，在长征途中，中共中央在遵义召开了政治局扩大会议，集中全力解决了当时具有决定意义的军事和组织问题。遵义会议在危急的历史关头挽救了党，挽救了红军，挽救了中国革命，成为中国共产党历史上一个生死攸关的转折点。

琵琶桥

琵琶桥下的水纹缓缓漾开
仿佛给蓝天铺开容身之地
垂柳在桥边婀娜
拨撩云朵变换着万千姿态
吹过的风　滴落的雨
还有曾被圈养的鸟雀
在这里全部重获自由
这独立的自由
是柔软鲜活的生命转折
也是幅员辽阔的祖国的转折
所以我们在这里种下第一颗稻谷
在深邃九月举起明黄火把
所以我们在这里收获第一缕曙光
在深夜对视星子眼波流转
万物可以在自由中狂欢雀跃
只有桥下的水纹漪漪如昨
静谧安抚人间的每一次摇晃

★1936年长征红军胜利会师★

1936年10月，红军一、二、四方面军在甘肃会宁胜利会师，结束了长征。中国工农红军长征的胜利，是人类历史上的奇迹，是中国革命转危为安的关键，其表现出的长征精神，成为激励共产党人和人民军队继续前进的强大动力。

流动的奇迹

如果十月的雨滴落清冷
那相逢的笑容里
一定裹挟深沉的热爱
在紧握着的双手间流转
超越了风的姿态
是征服山川坎坷的余温
也是踏过沼泽泥泞的喘息

叠峦山峰的脊背上
鲜花盛开在深深浅浅的脚印里
印记里　贮着十四个省的风尘
十八座山的险峻以及二十四条大河的湿润
我想　鲜花在这里盛放
一定不是为了装点和覆盖
而是为了生命的永不凋敝

有些奇迹不一定肉眼可见
比方说这一场流动的奇迹
所到之处浩荡壮阔
可磅礴与寂寞只是一次擦肩
但风和大地自会书写记录
不只这场辽远的征程
还有他们相逢时紧握的双手
以及掌心传递的温暖喜悦

★1937年七七事变★

1937年7月7日夜，日本侵略军悍然发动卢沟桥事变，即七七事变，当地中国驻军奋起抵抗，全民族抗战由此爆发。卢沟桥事变发生的第二天，中共中央向全国发出通电："平津危急！华北危急！中华民族危急！只有全民族实行抗战，才是我们的出路！"一场决定中华民族命运的殊死大搏斗拉开帷幕。

石狮的低吟

月光洒落桥头

桥下的水纹就此重获新生

彼此拥簇去向远方

就连星盏都在这此起彼伏的摇曳中

若隐若现　明灭不见

然而无根的自由徒是一场流亡

流水不知前路

倒影经不住石子投湖

只有那桥边岿然不动的石狮

颔首不语望着一切

在不知去向的远方里

在夜色幽微的夏风里

沉默低吟

——根在这桥　坎坷歧路

都有星光照就

★1938年毛泽东发表《论持久战》的演讲★

为了初步总结全国抗战经验，批驳当时流行的种种错误观点，系统阐明党的抗日持久战方针，毛泽东在1938年五六月间做了《论持久战》的长篇讲演，分析了战争双方存在着的互相矛盾的四个基本特点，科学地预见到抗日战争将经过战略防御、战略相持、战略反攻三个阶段。《论持久战》系统阐明了党的抗日持久战战略总方针，是中国共产党领导抗日战争的纲领性文献。

持久的力量

像消融的冰川　冰凌缓缓渗出水滴
滴落在雪堆　烫出一个时光的窟窿
滴落在泥土　滋养孕育生命的奇迹
因为积蓄了时间的力量
太阳的初升才从容且淡定

千万人　目光凝视同一远方
在企与盼的拉扯里 聚焦是一个缓慢的过程
在此之前　虚无的焦点凝结时间
因为相信持久的力量　所以在进退的摇摆间
依然听得见冰川消融水滴滴落的
清脆与绵潺

★1939 年毛泽东提出党的“三大法宝”★

1939年10月4日，毛泽东在为《共产党人》写的发刊词中指出：“十八年的经验，已使我们懂得：统一战线、武装斗争、党的建设，是中国共产党在中国革命中战胜敌人的三个法宝，三个主要的法宝。这是中国共产党的伟大成绩，也是中国革命的伟大成绩。”

法宝

有些秘密是可以公之于众的
有些法宝未必工艺精湛
他们的存在
犹如蒸发的水滴
在变幻了的某种形态中
也灿然　也生发
当然　还有追逐曙光时的
犹疑与彷徨
每一条道路都坎坷
更何况这通向胜利的小径
但神启的智慧　它先于
冲锋的号角与凯旋的铃音
在无常的革命里摸索着可循之迹
穿行于基本问题与三大法宝的对流间
也指向道路尽头绽放的花

★1940 年百团大战★

1940年8月至翌年1月，八路军总部在华北发动了一次大规模的对日军的进攻。随着战役的展开，陆续参战的部队达到 105个团20余万人，这就是百团大战。百团大战是全民族抗战以来八路军在华北发动的规模最大、持续时间最长的一次带有战略性进攻的战役。

百团花海

华北平原上空的星宿

在炮火光影与烟尘纷飞中　明灭可见

抬头望去　仍可寻见银河两侧的牛郎织女

还有盛着夜空深蓝的北斗七星

光明　它从不在黑暗中走失

自那一刻起

所有的桥梁、隧道、枪支

都归属于正义的附属

在一百个团的冲锋与冲锋的一百个团中

被星光照见的　不只有前进的步伐

还有鲜红的旗帜与残损的躯体

它们在战后没入平原的土壤

于寂静的星空下遥望北斗

细数银河里的星星点点

在第二年的春风中破土而出

化作随风摇曳的花海

那汹涌澎湃的摇曳

像生前百团中冲锋的决绝

★1941年皖南事变★

1941年1月，新四军军部及所属皖南部队9000余人，在遵照国民党军事当局的命令向北转移途中遭到国民党军8万余人的伏击和围攻，除2000余人突围外，一部被打散，大部壮烈牺牲或被俘，军长叶挺在同国民党军进行谈判时被扣押，副军长项英在突围过程中遇害，这就是震惊中外的皖南事变。

真相

泾川弯弯绕绕地去向远方
似云带飘逸　也倒影苍穹
静水深流　沉默涤荡真相
后来的人啊　一定会在这里驻足
捕捉风中回荡的历史
和七个昼夜的残酷血战
“江南一叶”“同室操戈”
皖南的大地似母亲一样
在风中悲恸、战栗
“千古奇冤”“相煎何急”
或许汉白玉花环才更稳固、牢靠
只是当风吹过这里　水流向远方
墙壁上镌刻的军歌
又嘹亮地讲述着一个永垂不朽的故事
这就是真相

★1942 年整风运动开始★

1942年2月，毛泽东先后作《整顿党的作风》和《反对党八股》的讲演。整风运动在全党普遍展开。全党普遍整风的内容是反对主观主义、宗派主义、党八股，以树立马克思主义的作风。反对主观主义以整顿学风，是整风运动最主要的任务。反对宗派主义以整顿党风。反对党八股以整顿文风，是整风运动的重要任务。

起风了

你不知道这风吹得多么猛烈、彻底
从陕甘宁贫瘠高原到江南水畔小巷
像阴翳的天空乌云退散
露出星子的闪烁与雀跃
也像盛着水的竹篮
在淅淅沥沥的洒落中
布满尘埃的暗角得以清明
风在这片原野奔跑　热烈、自由
托举着马克思的伟大主义
吹拂中国大地桃红柳绿
掀开大地的衣角
让风与这赤裸的肌肤摩擦交融
这风也就有了中国的温度与气息

★1943年共产国际解散★

1943年5月15日，共产国际执行委员会主席团做出《关于提议解散共产国际的决定》，并于5月25日公开宣布《解散共产国际的决议》，说明这是为了适应反法西斯战争的发展，便于各国共产党独立处理问题。1943年5月26日，苏共中央发表决定，完全同意解散共产国际。第三国际又名共产国际，列宁领导创建，存在于1919—1943年，总部位于莫斯科，是一个共产党和共产主义组织的国际组织。

自己的路

轰然的分崩离析
碎片夹杂星光
纷纷坠落大地
在不同的泥土开着各色的花

谁在月光下惆怅
一边思忖未知的前路
一边将斧头与镰刀擦得锃亮
寒光闪烁
来自不悔的决绝

别用星盏祭奠月光
缥缈夜色唤不来黎明
能走的路就在脚下
是从小成长的土地
也是不同国度壮大的疆土

★1944年在延安举行六届七中全会★

六届七中全会于1944年5月21日至1945年4月20日在延安杨家岭举行。出席会议的有中央委员和候补中央委员17人；列席会议的有各中央局、分局和其他方面的负责人12人。会议通过了《关于若干历史问题的决议》，该决议是一个马列主义的重要文献，对党的斗争历史经验和教训做了科学的总结和概括，高度评价了毛泽东运用马克思列宁主义基本原理解决中国革命问题的杰出贡献，肯定了确立毛泽东在全党的领导地位的重大意义。同时，全面阐述了历次“左”倾错误的表现及其造成的严重危害，并着重分析了产生错误的社会根源和思想根源。这次会议，标志着历时三年八个月的整风运动结束，为中共七大的胜利召开做了重要的准备。

黄土地的分享

从一个春天到另一个春天的接续
风在花开里止息
曾经向左或向右的摇摆
都在这里得以安抚
苍茫留下的历史脚印
在这里有了科学的总结与概括
这里　是辽阔又豪放的延安

黄昏在远方轻覆群山
会议在静谧里静谧
发言被岁月收藏
那听不到的声音
定是被历史认领
而听到的声音
则是这片黄土地的真诚分享

★1945 年抗战胜利★

1945年8月15日，日本天皇裕仁以广播的形式发布《终战诏书》。日本无条件投降。9月2日，日本代表在投降书上签字。侵华日军128万人向中国投降。至此，中国抗日战争胜利结束，世界反法西斯战争也胜利结束。日本代表在投降书上签字的第二日即9月3日，成为中国人民抗日战争胜利纪念日。

让风吹遍这大地

夏末的风温润有序
它铺垫十月的金秋
也参与胜利的狂欢
金色麦田在他的召唤、指挥下
翻涌　雀跃
与万众腰间的红色丝带
同频共振　舞动同一个旋律
胜利　他走向这片大地
或者　我们去拥抱胜利
用了十四年
缓慢到时光被坐穿、被质疑
那岁月　艰难　残酷
但也清醒　勇毅
巨大的黑暗孕育盛大的光明
我们在收获的季节迎来希望

让这不疾不徐的风合拢收紧

吹遍这片土地的每一个角落

送去麦子的香甜

也收获胜利的喜悦

★1946 年全面内战爆发★

1946 年 6 月 26 日，国民党军队在完成内战准备后，以 22 万人悍然进攻鄂豫边境的中原解放区。其后，国民党军向其他解放区展开大规模进攻。全面内战由此爆发。

大地的选择

这是一片出走过的土地
洋枪、洋炮，还有军靴
都在它的身上留下过痕迹
但粗糙的皮肤仍开出温柔的花朵
它愿意保护一切金黄的果实
像太阳一样明亮温暖
比如小米
它也怜爱一切从身体掏出的物件
比如步枪　比如胶鞋
其实大地自己在暗地里已经做出选择
它留下属于这片大地的一切
比如人民　比如政权
还有柔软的动植物
它不忍心它们受到惊吓与伤害
所以每一次呼吸、翻身都小心翼翼

直到它的选择生出根系拥有生命

才肯长舒一口气

世间便又多了一份自由的空气

★1947 年人民解放军转入反攻★

1947年6月30日夜，刘伯承、邓小平率领晋冀鲁豫野战军主力12万人一举突破黄河天险，揭开了战略进攻的序幕。人民解放军转入战略进攻，具有伟大的历史意义。毛泽东指出："这是一个历史的转折点。这是蒋介石的二十年反革命统治由发展到消灭的转折点。这是一百多年以来帝国主义在中国的统治由发展到消灭的转折点。这是一个伟大的事变。"

土窝里的种子

天平已经开始倾斜
这自由便沾染了泥土的气息
——有了根的自由才是真正的自由
陕北的黄土地从未如此炙热
山东的泉眼也从未如此亢奋
在炮火的交叠中超越了一般的姿态
就像三月是春来的季节
在每一颗子弹留下的土窝里
都种下种子
它会生出花朵结长果实
不仅支撑生活　也装点人间
这样的光景不漫长不久远
收获的九月就能见证
一个萌发生长的过程
就是突出重围
向压迫发起反攻的过程

★1948年三大战役★

1948年秋，人民解放战争进入夺取全国胜利的决定性阶段。党中央和毛泽东当机立断，连续组织辽沈、淮海、平津三大战役。东北野战军主力和地方武装103万人发起辽沈战役。华东野战军和中原野战军及部分地方武装共60余万人，发起淮海战役。东北野战军和华北军区第二、第三兵团以及华北、东北军区地方部队共100万人，联合发起了平津战役。

辽沈、淮海与平津

黑土地上的庄稼
在这一刻迎来丰收
九月一定是要下田收割的
因为高纬度的寒流从不原谅偷闲的农人
它来时　新绿就开始了无生气
季节交替从未像此刻如此鲜明
马不停蹄地收割后
光秃秃的田埂等待的
便只有一场纯粹而盛大的降雪

温润向来是南方水系的标志
但此刻它再难掩澎湃
一浪高过一浪的翻涌
想把希望与热切向远方传递
多远的远方才是终点

它说一旁的战场就好

它想让解放军听听它的心声

也听听它呼啸的鼓呼

平津沉默地在中国版图上跳动

动脉相连　大地能够感受它的战栗

而我们都知道的是

心脏不过是输送血液的泵器

但此刻　我分明感受到它的动情

它告诉我它的担忧与激动

还有不可取代的重要意义

★1949年新中国成立★

1949年10月1日下午，首都北京30万军民在天安门广场隆重举行开国大典。毛泽东庄严宣告：“中华人民共和国中央人民政府今天成立了。”54门礼炮齐鸣28响，象征中国共产党领导人民奋斗28年的历程。中华人民共和国的成立，揭开了中国历史新的篇章。领导和组织人民革命取得胜利的中国共产党，成为在全国范围执掌政权的党，踏上了带领人民创造幸福美好生活的新征程。党的历史也开启了新的篇章。

大地的欢庆

看吧　就是这么凑巧
又是在这样一个收获的季节
金色麦田在远方
一浪又一浪　托举、传送白云
仿佛乐此不疲
阳光在这温暖的世间播散光辉
天安门打开它的雕梁画栋
任一只麻雀飞进飞出
也包容每一片花瓣的无意飘落
这金黄的稀疏的光景
像换了天地　是换了天地
盛大的欢喜需要广袤的土地滋养
而那声传遍长城内外的宣告
让百年里一代又一代人激动颤抖

仿佛触摸到那时那刻

大地的颤抖

与人民的欢呼

图题：《大地的沸腾》

作者：黎科

★1950年抗美援朝★

1950年6月25日，朝鲜内战爆发。美国政府立即做出武装干涉朝鲜内战的决定，并派遣第七舰队侵入台湾海峡，公然干涉中国内政，阻挠中国的统一大业。10月初，美军无视中国政府一再警告，悍然越过三八线，把战火烧到中朝边境，直接威胁新中国的国家安全。危急关头，朝鲜劳动党和政府请求中国出兵支援。中央政治局多次召开会议，全面估量国内外形势，既清醒地看到了面临的困难，又深入地分析了出兵作战的必要和可能，做出了派遣中国人民志愿军入朝作战，抗美援朝、保家卫国的历史性决策。

江底的游鱼

月光洒向鸭绿江
吐泡的游鱼贪婪地吮吸着海藻
他应该游溯到北极以北
在严寒的消肃里睡去
忘却世间纷乱
和曾在江底遇到的险流
或许　他应该游向南方以南
在沙滩与海水的交界处
享受阳光的温暖明媚
选择的去向　千千万万
而不是在这漆黑的冰冷的江底
像困兽般饥渴地吮吸海藻
但时间又证明他是对的
因为亚细亚的暖风最先从这里吹过
东方黎明的第一缕曙光

最先照亮他栖身的河床

还有河岸边的邻邦

总在最危难时呼唤他的名字

让他可以在江底安心睡去

★1951 年和平解放西藏★

新中国成立后，西藏成为全国大陆最后一个待解放地区。1951年5月，中央人民政府同西藏地方政府签署《关于和平解放西藏办法的协议》（简称“十七条协议”）。10月，人民解放军进驻拉萨，西藏获得和平解放，粉碎了帝国主义及西藏少数分裂分子制造“西藏独立”的图谋，实现了祖国大陆的统一。

最温暖的拥抱

神秘辽远的高原
天山、雪莲、雄鹰都在这里栖身
浓重的暮色里
不用开灯　经文自在心尖流淌
像喃喃自语的告慰
以祈求新鲜细小的光芒

有时风从这里经过　裹挟霜雪
将这穹顶越擦越蓝
太阳光晕便越显明晃、赤裸
经幡在天地间噗噗作响
吟诵山水　也吟诵神谕

像这样干净的地方
和平才是它最好的模样

一切武力在这里自惭形秽

所以白纸黑字一份合约

是最好的归属

也是祖国大地最温暖的拥抱

★1952年上甘岭战役★

上甘岭战役，是1952年10月14日至11月25日中国人民志愿军与“联合国军”在上甘岭及其附近地区展开的一场著名战役。在持续43天的战斗中，志愿军与“联合国军”反复争夺阵地达59次，志愿军共击退“联合国军”900多次冲锋。最终志愿军守住了阵地，取得了胜利。

撕裂闪电

霜冻先于他们来到这里
在不起眼的角落
偷偷藏起闪电的凌厉
只有几颗露珠　挂在蛛网
不易察觉地颤动几下

炮弹像流星一样点亮夜空
照见这三点七万平方公里的山地之上
所有的恐惧、愤怒、悲伤、热血
山村往日的庸常时光
在这一刻　萌生几分新意

战无不胜的人都有坚不可摧的信念
每一份爱或信念都可以成为冲锋的号角

挡住枪口的肉身　只身奋战的孤勇

都拥有撕裂闪电的凌厉

★1953年实施第一个五年计划★

1952年底，土地改革基本完成，恢复国民经济的任务顺利实现，朝鲜停战谈判双方在主要问题上达成协议，战争可望不久结束。这表明，我国已具备了有计划地进行大规模经济建设的条件。党及时决定从1953年开始实行发展国民经济的第一个五年计划，计划的主体是国家工业化。

分解这流转的光阴

月光有多远　这岁月就有多深邃
掬一捧清泉收纳月色
也就抓住了这不断逝去的光阴
噢　妄图留住岁月的人
总是这般简单、单纯

可即便如此　从指尖流逝的
也并不只那星星闪闪渗出的水滴
比他更浩荡走失的
还有从不停驻脚步的时光
难道不是吗

丈量岁月的必然是时光本身
检验发展也总离不开既定目标
不如将这流转的光阴分解

用不长不短的五年

在时间的纵深处

写下我们的故事

★1954 年第一届全国人民代表大会通过《中华人民共和国宪法》★

1954年9月，第一届全国人民代表大会第一次会议一致通过了《中华人民共和国宪法》。这是一部社会主义类型的宪法，体现了人民民主原则和社会主义原则，以根本法的形式确认了近代100多年来中国人民为反对内外敌人、争取民族独立和人民自由幸福进行的英勇斗争，确认了中国共产党领导中国人民夺取新民主主义革命胜利、中国人民掌握国家权力的历史变革，确定了中国人民行使当家作主权利的政治制度，指明了为建立社会主义社会继续奋斗的正确道路。

有根的生活

冰山的一角在海面晶莹沉浮
更巨大的震撼在海底沉默
开枝散叶投下荫蔽的古树
根系在泥土地的深处之深
一眼望去耸入云霄的高楼
总是被方正端庄的地基驮起
这些伟大的震撼的美好
在出世前总有一段固本的时光
生长在这片大地上的人们
也不能长成一座空中花园
轻易走失在北风的呼啸里
不妨合拢一本厚实的宪法
在阳光熹微的午后
拉近家与国的距离

★1955年万隆会议★

1955年4月18日至24日，亚非两洲的第一次历史性聚会，在万隆独立大厦召开。这是亚非国家历史上第一次在没有殖民国家参加的情况下自行讨论亚非人民切身利益问题的大型国际会议，史称万隆会议。

山水相聚

东经 107.36 度与南纬 6.54 度的交界
东方巴黎在第三世界晕染浪漫
我想白鸽应在这里栖身
即使出走也应留下一根洁白的羽翼

二十九个国家的山水在这里相聚
一片在风中摇曳的绿叶
一缕绕过手腕看不见的蛛丝
都在这里碰撞
并绽放出一个新的时代的光芒

广袤的第三世界在这碰撞下
也荒芜　也蓬勃
今天围坐在这山水之间
保卫和平　不谈风月

★1956 年提出“双百方针”★

为繁荣和发展社会主义科学文化事业，党中央提出了“百花齐放、百家争鸣”的“双百”方针。“百花齐放”是针对戏曲问题提出来的，“百家争鸣”则首先在历史研究领域提出。

这里有些美好

阳光好的时候
百花把自己打开　先于春的到来
有常与无常　在这一刻
都被世人歌颂、赞美
没有一朵花开在虚无
成为窒息又绝望的透明

如果风从这里经过
可以摘一朵花送给云
也可以送给久不相见的故人
然后告诉他　这里除了美丽的花朵
还有一些深邃的思想、睿智的言论
如果需要　也可以
一并带到你所抵达的终点

★1957 年武汉长江大桥建成★

武汉长江大桥是中华人民共和国成立后修建的第一座公铁两用的长江大桥，也是武汉市重要的历史标志性建筑之一，素有“万里长江第一桥”美誉。1957 年 9 月 25 日，武汉长江大桥工程竣工；10 月 15 日，武汉长江大桥正式通车交付使用。

一座桥

渡轮依旧在江心低吟
摇摆远去的水纹
投映不尽这片江河千万年的历史
搭起一座桥
让行人倚栏望月
聆听月光之下
江水滔滔的身世倾诉
架起一座桥
让车辆在此汇聚成川
与桥下的大江呼应对话
江风渔火　桥心霓虹
是这座城市　可以看见的人间
也是祖国可以触摸的明亮

图题:《武汉长江大桥》

作者:陈吉安雪

★1958年人民英雄纪念碑建成★

人民英雄纪念碑位于北京天安门广场中心，是中华人民共和国政府为纪念中国近现代史上的革命烈士而修建的纪念碑。人民英雄纪念碑于1952年8月1日开工，1958年4月22日建成，1958年5月1日揭幕，1961年被中华人民共和国国务院公布为第一批全国重点文物保护单位之一。

人民英雄纪念碑

正阳门北 440 米的中轴线上
皓月在这里收紧
春天自这里打开
历史的故事
从 37.94 米的碑身徐徐开卷
这里有忘记季节的牡丹
还有荷花和菊花
总是在漫天星斗下
晕染浓稠的香气
这里还有定格时间的五星
以及松柏和旗帜
在每一个朝圣者的心头
留下刺痛
也埋下火种

★1959 年发现大庆油田★

1959年9月，勘探发现松辽盆地第一个油田，并正式命名为大庆油田。1960年，国家组织大庆石油会战，投入试验性开发。1963年底，大庆油田结束试验性开发，进入全面开发建设，先后开发了萨尔图、杏树岗和喇嘛甸三大主力油田，并勘探准备了一批可开发的新油田。大庆油田的开发建设，甩掉了中国“贫油”的帽子。

为祖国慷慨

永远清冷的　是这里的月亮

还有这里的风和雨

但大庆捂不住胸口的热

炊烟在这里升腾

召唤、温暖路边流浪的孩子

打开松辽盆地的腹腔

掏出荒芜　掏出贫瘠

也掏出动脉里的黑色血液

阳光下翻涌流动的黑金

在此刻为祖国而慷慨

★1960年中共鞍山市委向党中央作《关于工业战线上的技术革新和技术革命运动开展情况的报告》★

1960年3月11日，中共鞍山市委向党中央作了《关于工业战线上的技术革新和技术革命运动开展情况的报告》，毛泽东在3月22日对该报告的批示中，强调要实行民主管理，实行干部参加劳动，工人参加管理，改革不合理的规章制度，工人群众、领导干部和技术员三结合，即“两参一改三结合”的制度。

比月光更清冽的光

在这里淬炼　在这里锻造
在颤抖的鞍山脊背上
有比月光更清冽的光
在火花飞溅的时间裂缝里
岿然面色不动
万物在这清冽中
沉默茁壮
仿佛寂静庄园里的晚风
在每一个辽远的黄昏里沉醉
也在每一个无人问津的夜
用一腔热血并肩炙热
这炙热托起朝阳
也涅槃工业战线新技术

★1961年提出“八字方针”★

面对严重经济困难，党中央和毛泽东决心认真调查研究，纠正错误，调整政策。1961年1月，党的八届九中全会决定对国民经济实行“调整、巩固、充实、提高”的八字方针。

在谷底的时候

我们追逐流云
却在无意间坠入谷底
没有人知道前路
会邂逅有着怎样香气的花朵
和什么形状的植物
只是此刻　四面八方的风
在这里被收紧、被压缩
不断传入耳郭的　除了风的呼鸣
还有布谷鸟嘶哑的啼叫
没有方向的时候
迈出的每一步都是路
坠入晦暗的谷底
去往哪里都是向上的过程
“调整　巩固　充实　提高”
打磨成精巧的指南针

去继续找寻走失的流云

成为挂在天边明亮的北斗

照亮前路的每一段晦暗

★1962 年开展中印边境自卫反击战★

中印边境战争是1962年中国人民解放军驻西藏、新疆边防部队在中印边境地区对侵入中国领土的印度军队进行的自卫反击作战。毛泽东称中印边界反击战是一场“军事政治仗，或叫政治军事仗”，中国在获得胜利后主动撤军，表明了中方以和平谈判解决边界问题而反对以武力改变边界现状的一贯立场。

边界线

风从绵长的边界线吹起
噢　这令人窒息的风
这令人绝望的边界
它捆绑两个国家的和平
如今松动　大地的战栗有谁察觉

撕开夜幕看见地形地貌的复杂
对空气挥舞拳头不会有人受伤
但很多非分的逼迫　不得不
崇山峻岭也势如破竹

热血豪情在这里洒下
红色的爱国之心骤然紧缩
神圣的土地　每一寸

都是我们可以触摸的祖国
而捍卫和平
也是胜利者最终的选择

★1963年全国掀起学习雷锋精神热潮★

人民解放军战士雷锋，在平凡工作岗位上甘当螺丝钉，勇于奉献，乐于助人，表现出崇高的共产主义情操，成为那个年代最响亮的名字。1962年8月，他因公殉职时，年仅22岁。1963年3月5日，毛泽东于《人民日报》题词：“向雷锋同志学习。”雷锋精神，成了新中国社会风尚的一个标志。

不锈的钉子

一颗不锈的钉子
钉住了整个荒原的春天
阳光在这里倾泻所有的光辉
像他从口袋掏出纸币
从胸口掏出心脏
只将一具无法掏出的饱满的
躯壳　留给自己

三月的春雨会在这时降临
它穿过黄昏的街口来到这里
甚至忘记了背后天空的湛蓝
只是看着需要帮助的人
就纷纷跳入人间
打开了许多芬芳
也合拢了许多困难的伤口

★1964 年我国成功爆炸第一颗原子弹★

为抵制帝国主义的武力威胁和打破大国的核讹诈，20世纪50年代中期，毛泽东果断地做出了独立自主研制“两弹一星”的战略决策。1964年10月16日，我国成功地爆炸第一颗原子弹，有力地打破了大国的核垄断和核讹诈，提高了我国的国际地位。

升起的蘑菇云

风沙在这里卷积聚合
缓慢而有力
像一个人对梦想的偏执
只在时光的背面哭泣
阳光下　笑容比阳光更灿烂
在荒漠里以流水的姿势
抚摸远方
似乎早已注定
仿若神谕　如果这样
那罗布泊的荒原一定与天空相连
所以一朵名叫蘑菇的云
才肯从这里升起
罗布泊的绿洲也一定和宇宙相连
所以这里的奋斗故事
才能惊艳世界

图题:《绽放的蘑菇云》

作者:赵晓晓

★1965年红旗渠总干渠通水★

红旗渠工程于1960年2月动工，1965年总干渠通水，1969年7月支渠配套工程全面完成，历时近十年。该工程共削平了1250座山头，架设151座渡槽，开凿211个隧洞，修建各种建筑物12408座，挖砌土石达2225万立方米，红旗渠总干渠全长70.6公里(山西石城镇–河南任村镇)，干渠支渠分布全市乡镇。“自力更生、艰苦创业、团结协作、无私奉献”这十六个字是在红旗渠修建过程中形成的红旗渠精神。

银河从这里升起

春意盎然的夜
银河应该从这里升起
抑或如若哪天银河坠落
也一定义无反顾选择这里
这里是林县红旗渠

每一滴汗珠滴落
都是渠水在阳光下的闪烁
每一声粗重的喘息
都是天河里惊涛的澎湃
这辽远的红旗渠
总把奋斗的故事洗刷明澈

即使夜色晦暗不明
渠水也知道流经的方向

以及沿途每一株花草的美丽

因为它自人间降生

也在四季里供奉人间

★1966年长篇通讯《县委书记的榜样——焦裕禄》在中央人民广播电台播出★

河南兰考县委书记焦裕禄，为了改变兰考人民贫穷落后面貌，拖着患有慢性肝病的身体带领全县人民封沙、治水、改地。这一行为诠释了亲民爱民、艰苦奋斗、科学求实、迎难而上、无私奉献的焦裕禄精神。1964年5月14日，年仅42岁的焦裕禄因肝病不治不幸逝世。1966年2月7日清晨，长篇通讯《县委书记的榜样——焦裕禄》在中央人民广播电台播出。

白的黄的灰的

汗珠滚落大地
绿洲便以此为中心扩向远方
这片大地的名字叫兰考

荒芜的白　死寂的白
是盐碱蚕食的土地
他在这里留下脚印
为这兵荒马乱之地打开生机

肆虐的黄　呼啸的黄
是风沙破门而入的天空
他在这里挺直脊背
为这片苍穹重新建成屏障

汹涌的灰　狂浪的灰

是内涝侵占的田野

他在这里张开双臂

为这瘦骨嶙峋的庄稼庇护

这里的名字是兰考

在绿洲的中心

埋藏着一个人晶莹的汗珠

★1967 年第一颗氢弹空爆成功★

1967年6月17日，我国第一颗氢弹空爆试验成功。邓小平后来说过：“如果六十年代以来中国没有原子弹、氢弹，没有发射卫星，中国就不能叫有重要影响的大国，就没有现在这样的国际地位。”

托起太阳

这一天的罗布泊
天空升起两个太阳
炙热的光芒烘烤大地
也给世界蒙上一层金黄
太过耀眼的金黄
让人无法直视
透过指缝看到的世界
一朵蘑菇云正开得盛大
被它托举而起的
是照亮世界的太阳

★1968年开展知识青年上山下乡★

1968年12月，毛泽东下达了“知识青年到农村去，接受贫下中农的再教育，很有必要”的指示。应此指示，全国各地立即掀起了知识青年上山下乡的高潮，主要形式是到农村插队落户和参加建设兵团。

生了根的人

今晚的月光　透过小窗
照见难眠的愁容
也照见千里之外稗子的金黄
一群人　起早打包几本书
和昨夜未消尽的哀思、愁容
先于太阳启程上路
没有人知道抵达终点的时辰
只是这条路　越走越坎坷
树荫也越来越浓稠

踏入泥土地就是生了根的人
这根与一切庄稼相连
但更可贵更不同的是
这生根的人还顶着知识的头颅
捂紧胸口的热　把知识洒向庄稼
再抬头看的时候　那月光
比爱的对视更绵长

★1969年中国第一条地铁建成★

1969年10月1日，在庆祝中华人民共和国成立20周年的日子里，经过四年零三个月的紧张施工，由中国人自主设计、自主施工的中国第一条地下铁道——北京地下铁道一期工程401线建成通车，结束了中国没有地铁的历史，翻开了中国轨道交通建设的新篇章。

星夜在这里停止闪耀

仿佛大地的血脉
汹涌地流动、前行
在黑暗的地下打开无数灯盏
照亮行人的足迹

星夜在这里停止闪耀
哀愁的味道便淡了不少
风在耳畔呼啸
却无法感知与触摸

应该不会有人想到　若干年后
它会成为城市的地下生态
哦不　聪明睿智的规划者
他是能够想到的

只是多愁的人会在这里放空

不再思索关于生活与爱情的意义

但最初 23.6 公里的延绵

确是向前的一步

★1970 年我国第一颗人造卫星发射成功★

1970年4月，我国第一颗人造地球卫星“东方红一号”在酒泉卫星发射中心发射成功，标志着中国在宇宙航天技术方面取得历史性的突破。“东方红一号”卫星由长征一号运载火箭送入轨道中，卫星进行了轨道测控和《东方红》乐曲的播送。

红色星光

古老别致的宇宙
在这个时候是倾斜的
上升的带着东方声音的卫星
在此刻被它揽入怀中
或许它知道此经一去
赴的是一场关于远方的
独自的焚烧
但黑夜画布下的灰烬
是明亮的红
像胸口按不住的心跳
灰烬之外　是灵魂
是重新塑造的一颗别致的星盏

★1971年我国恢复联合国合法席位★

在许多亚非拉国家和其他正义国家的支持和努力下，1971年10月25日，第二十六届联合国大会以76票赞成、35票反对、17票弃权的压倒性多数通过2758号决议，恢复中华人民共和国在联合国的合法席位，并将台湾国民党当局的代表从联合国的一切机构中驱逐。11月1日，五星红旗第一次在联合国升起。

坐上那把椅子

偌大的会场　成百上千只椅子

定有一把属于你

阳光在那把椅子上慵懒惬意

漫不经心地为你掸去尘埃

和破碎的谎言与阴谋

你要径直向他走去

无论速度多么缓慢

或又从容地做了几折迂回

光明自始至终都不曾出离

它在静默等候

等你坐上那把椅子

并借你的肩膀

让光亮照向更远的

远方

★1972年尼克松访华★

1971年4月，根据美方要求，美国乒乓球队受毛泽东邀请访问中国，以民间交往带动官方交往，被称为“小球转动大球”的“乒乓外交”。经过几次秘密接触，美国总统国家安全事务助理基辛格秘密访华。1972年2月，美国总统尼克松正式访华，2月28日双方在上海发表《中美联合公报》，标志着两国关系正常化进程的开始。

改变世界的一周

二月　北方的春天还在路上
他却先于春天到来
用一周的时间
和冰雪送别　然后迎接
万物复苏　还有
燕子的归来

从地球的一面到另一面
他应该多待一些时日
好好感受　北京狭长巷内
春风的和煦　以及
街头五千年文化的缩影

但也有人说　一周的时间
已经足够多了　多到被称为

“改变世界的一周”

而我不谈政治　只是想

让他感受这个古老国度

五千年浪漫的风与月

★1973年袁隆平培育出世界上第一株籼型杂交水稻★

1964年，袁隆平最先在野外发现了水稻天然雄性不育株，在中国首先开始了杂交水稻优势利用的研究。1973年，袁隆平及其团队培育出了世界上第一株籼型杂交水稻，首先实现了杂交水稻三系(不育系、保持系和恢复系)配套的重大突破。这一重大突破不仅解决了中国人多粮少的问题，也为世界贡献了粮食生产的中国智慧。袁隆平也因此获得了“杂交水稻之父”的称号。

秋风的黄

他在稻田边乘凉
有风吹过
禾穗的影子在他的身上
摇晃不停
仿佛雀跃的孩童
在云雀的歌声里
欢快地写下丰收的歌谣
有汗珠从他额角滚落
若有雷霆万钧的力
震颤大地
他和这片稻田一样
总是能挽住这浩荡的秋风
在无限温柔的光景里
给秋风注满金色的黄

★1974 年我国研制出第一艘核潜艇★

核潜艇是大国战略威慑力量的重要标志，我国从1958年开始核潜艇研制工作。1970年12月26日，我国自主研制的第一艘核潜艇成功下水。1974年8月1日，第一艘核潜艇被命名为“长征一号”，正式编入海军战斗序列。我国成为世界上第五个拥有核潜艇的国家。

潜入海底

蔚蓝中　它在鱼群里复活

星光洒落海面

那在浪花中闪耀的晶莹

也有你的一部分

海的深处与夜的沉寂没有区别

潮汐不会在深夜哀愁

却走失在海的深处

两万里的海底

会有它所希冀的终点

只是这八千里的月色

再也照不见

黝黑又锃亮的臂膀

★1975年我国发射一颗返回式遥感人造卫星★

1975年11月26日11时30分，长征二号运载火箭携带返回式遥感卫星在酒泉卫星发射中心升空，随后顺利实现星箭分离，卫星准确进入预定轨道。卫星按计划在太空飞行了47圈。三天后，在完成对地面的观测任务后，按地面遥控站发出的返回调姿遥控指令，中国首颗返回式遥感卫星成功返回地面。它标志着我国成为继美、苏之后第三个掌握卫星回收技术的国家，在宇航技术的研究上取得新的突破。

出走与归来

扶正鸟瞰的视角
用闪烁的红星去感受祖国的温度
山川雄壮　沧海辽远
比岁月更深沉的是注视的目光

每一颗滴落的汗珠
都是旷古星河里的一次闪烁
每一幅废弃的图纸
都在拼命圈住浩荡寒风
它在每一次的积蓄里等待喷薄

如果上升是一种出走
那降落无疑是归来
落地的姿态有千万种
但最美的
还是与祖国热情相拥

★1976 年周恩来、朱德、毛泽东相继逝世★

周恩来，字翔宇，曾用名伍豪等，1898年3月5日出生于江苏淮安，原籍浙江绍兴。1976年1月8日在北京逝世，享年78岁。朱德，字玉阶，原名朱代珍，曾用名朱建德，1886年12月1日生于四川仪陇。1976年7月6日在北京逝世，享年90岁。毛泽东，字润之(原作咏芝，后改润芝)，笔名子任，1893年12月26日出生于湖南湘潭。1976年9月9日在北京逝世，享年83岁。

陨落的星辰

星辰陨落
所有的温热留照人间
只是复归沉寂的大地
没有人比它更明白悲伤的意义
如果挥手就能完成所有送别
那胸前一再佩起的白花
又该以怎样的悲恸
与身体同频颤抖
这颤抖　抖落清晨的露
也抖落阴云的雨和眼眶的泪
它们的坠落
也像星辰陨落
砸在胸口
留下一个疼痛的疤

★1977年中国恢复高考制度★

1977年9月，中国教育部在北京召开全国高等学校招生工作会议，决定恢复已经停止了10余年的全国高等院校招生考试，以统一考试、择优录取的方式选拔人才上大学。会议决定恢复高考的招生对象是：工人、农民、上山下乡和回乡知识青年、复员军人、干部和应届高中毕业生。

人生的六芒星

星辰亮了起来
青春的芬芳从此有了花期的约定
成山成海的知识和汗水
总会结出大丽花般美丽的硕果
这是时代给予的绽放
它不需要祭台上老旧的供词
它只在你执笔清欢间的吟唱
也在夜半的寂静里流淌

其实它的血脉绵延千年
早已和这片大地的兴衰融为一体
但总能从尘埃中
托出一块惊艳的金疙瘩
像六芒星几近偏执的等待
黎明终是不曾辜负

握紧这枚人生的六芒星

黎明也就离你更近了些

★1978 年发表《实践是检验真理的唯一标准》★

为了彻底澄清一段时间内的混乱思想，也为了解决“两个凡是”所造成的严重影响，1978年5月10日，中央党校内部刊物《理论动态》发表经中央党校副校长胡耀邦审定的《实践是检验真理的唯一标准》一文，5月11日，《光明日报》以特约评论员的名义发表这篇文章，新华社向全国转发。文章冲破了“两个凡是”的束缚，引发了关于真理标准问题的大讨论。

追问真理

不去叩问高悬的启明星
清冷的闪耀
也有隐匿深夜的时候
不去追逐风的答案
它在莽原狂奔
必然沾染太多尘埃
如果要问
就去向山川大河要一个答案
千万年的沉默
千万年的清澈
就是真理在岁月最深处的笃定
如果这还不够
也可以问庄稼、问老农
问一切根植这片大地
认真生长生活的植物和人
他们在周而复始的劳作里
依然活成最明朗的真理

★1979 年发表《告台湾同胞书》★

1979年1月1日，中华人民共和国全国人民代表大会常务委员会在《人民日报》等重要报刊发表《告台湾同胞书》。同时，中华人民共和国国防部部长徐向前发表了停止炮击的声明。《告台湾同胞书》向台湾提出，统一中国为大势所趋、人心所向，应尽快结束分裂局面，统一中国，于此，并提出了结束两岸军事对峙、开放“两岸三通”、扩大两岸交流等方针。

敬月光

这浪越澎湃　这海就越蔚蓝
冲上礁岩凋敝的浪花
总是在有月亮的夜晚起死回生
但这一切都需要一个郑重的前提
——重新回到海水的怀抱

渡轮要在这海峡往返多少次
才能安抚船尾嘶哑的白鸥
就像那月亮
每个夜晚都准时升起
准时映入荷塘
也无法安抚老树叹出的满口乡愁

如果星光此刻坠入杯盏
就将这半满的酒杯敬向月光
因为月光有多清冽
这盼望就有多浓稠

★1980 年宣布设立四个经济特区★

1980年8月26日，第五届全国人大常委会第15次会议决定：批准《广东省经济特区条例》，宣布在广东省的深圳、珠海、汕头，福建省的厦门四市分别划出一定区域，设置经济特区。经济特区实行特殊的经济政策、灵活的经济措施和特殊的经济管理体制，并坚持以外向型经济为发展目标。

一张开花的渔网

风敲开虚掩的门

送来刚好飘忽而过的云影

还有灌了满堂的大丽花的香气

墙上的渔网爬满紫藤

编织了一个全新的活计

腥臭粗粝的前半生

在狭长河湾的春风里

重获新生

★1981年倡导“五讲四美”★

1981年2月25日，中华全国总工会、共青团中央、全国妇联等九个单位联合倡议在全国开展文明礼貌活动，大兴“五讲四美”之风。五讲是讲文明、讲礼貌、讲卫生、讲秩序、讲道德。四美是心灵美、语言美、行为美、环境美。

花的茁壮

睡醒的种子

破土而出

它需要阳光　需要甘露

需要这个世界

一切美好而纯洁的呵护

但在风雨面前

修枝　剪叶

适当牵引茎的方向

也是茁壮成长的必要条件

如果哪天子规驻足身旁

那一定是阳光般的芬芳

对美好茁壮的奔赴

而非对娇弱的怜爱呵护

★1982年邓小平提出“一国两制”方针★

“一国两制”构想最早是为解决台湾问题而提出的。1981年9月30日，全国人大常委会委员长叶剑英发表谈话阐明了“台湾回归祖国、实现和平统一”的九条方针。1982年1月，邓小平会见美国华人协会主席时指出九条方针实际上就是一个国家两种制度。1982年12月，全国人大五次会议通过的宪法第三十一条规定了：“特别行政区的制度按照具体情况由全国人大以法律规定。”这为国家在香港、澳门设立特别行政区提供了直接的宪法依据。

爱的方针

像相握的两只手
可以是两个人温情的示好
也可以是一个人与灵魂的对话

历史就延绵在那里
相连的土壤
共同抵过了一万年前大陆板块的漂移

一个古老国度
焕发生机拥抱一切变化
也接纳孩子的小个性

出离又归来
本就是生命的奢侈
更何况这血浓于水的爱

★1983年邓小平提出教育的“三个面向”★

1983年10月1日，邓小平为北京景山学校题词“教育要面向现代化，面向世界，面向未来”。它是邓小平在新的历史时期对教育工作指导思想的精辟概括。

白发少年

如今时日

早已忘却广播体操

已经是第几套

但操场阳光洒落

笑音回荡的日子

我还记得

青春总是在遗忘与遇见里

端庄又野蛮

我便在这端庄野蛮里

开始搜索并拔掉头上的白发

这些白发　终于可以证明

少年走到了未来

★1984年邓小平庆祝建国35周年天安门阅兵★

1984年10月1日，在天安门广场举行了庆祝中华人民共和国三十五周年阅兵式。中央军委主席邓小平乘车检阅了人民解放军受阅部队，并发表了国庆讲话。这次阅兵是我国改革开放后第一次对外公开展示自己的武装力量，是检阅国家和人民解放军现代化建设成果的重大庆祝活动。

小平，你好

那应该是火燃烧的样子
热情予人以明艳
那也应该是海水汹涌的状态
潮汐在每个人的体内
冲洗胸中星光灼灼
手举花环接受检阅
花的海洋覆握这水火的热情
给十月的金秋平添另一抹色彩
他站在城楼看着这一切
只是轻轻挥手
像翻过一页泛黄的纸
下一篇的故事接续精彩
但他也微笑
笑看雷霆般热切的激情里
温温柔柔的那一句
“小平，你好”

★1985年中国第一个南极科学考察站长城站建成★

1984年2月20日，中国第一个南极科学考察站——长城站在南极乔治王岛建成。中国南极长城站位于南纬62°12′59″、西经58°57′52″，于1985年2月20日建成。1998年1月，中共中央总书记江泽民题写了“中国南极长城站”站名。

如果有机会

如果有机会

清冷的人应该来这里小住一些时日

一个叫南极洲的“热带”的地方

这里免去寒意刺骨

在你我可接受的低温里

找寻企鹅与鲸的踪影

如果有兴致　也可以蹲下身子

仔细辨别脚下的石头

看哪一块来自远古

哪一块与你年龄相仿

如果有机会

纯洁的人应该来这里小住一些时日

临近而未达南极点

东南西北依然可以被分辨得清明

这里的时光是沉默的

只有一些抗寒的鸟兽
在这里落下一些光亮
哦不　还有月光
它在积雪中折射温柔
清冷纯洁
照见“长城站”三个字
庄严伟大

图题:《南极站》

作者:陈吉安雪

★1986 年“863”计划开始实施★

1986年3月，四位中科院院士、著名科学家王大珩、王淦昌、杨嘉墀和陈芳允联名向中共中央提出了“关于跟踪世界战略性高技术发展”的建议，邓小平同志为此特别指示：“此事宜速作决断，不可拖延。”这个建议被提交中央政治局讨论。由于这个计划的提出和邓小平的批示都是在1986年3月，所以这个计划被命名为“863计划”。计划的全称为“高技术研究发展计划纲要”。

探索

诸多的秘密　被自然包裹

打开它　世界也就清亮了

但打开的过程

像在幽暗的丛林里

举着蜡烛寻找出口熹微的光

可以借不慎坠落的光斑

判断太阳此刻的方向

也可以向叶隙间现身的星子

询问出口的位置

在混沌里加紧脚步

举着手中的微光

与终点的光明对话

揭开所有混沌的谜底

自然是透亮的

你我的人间也是清明的

★ 1987 年台湾取消“三不政策” ★

1979年，美国与中国正式建立外交关系后，蒋经国主政的台湾当局对中国大陆采取“三不政策”，即“不接触、不谈判、不妥协”。1987年，蒋经国迫于民间对于开放交流改善关系的压力，授权“中华民国红十字会”代表台湾当局与大陆的中国红十字会协商，作为两岸沟通的窗口。此后蒋经国又开放台湾居民赴大陆探亲。“三不政策”实际上被放弃。

岸边有老人

潮湿的风徘徊在海峡两岸
山河的伤口长出新月般的肉芽
在这一刻喜极而泣的人
动脉里的血
有着相同的颜色和温度

浪花在礁岩之上盛开
灿烂到每一缕芬芳都别致
曾在岸边看海的少年已经老去
老到耳聋眼花
仍仔细聆听这脚步靠近的声音

这时光缓慢　缓慢得
像迟暮之人颤抖的手和脚

问蓝色海湾乞讨寂寥

月亮初升　月光粼粼

终于迎来梦的叩门

★1988年葛洲坝水库竣工★

葛洲坝水利枢纽位于中国湖北省宜昌市境内的长江三峡末端河段上，它于1971年5月开工兴建，1988年12月全部竣工。葛洲坝工程是万里长江建设的第一座大坝，属于三峡工程的一个组成部分。葛洲坝水利枢纽的建成缓解了长江水患，同时为我国培养和锻炼了一批水电建设队伍。

江上的臂弯

这滔天的江流让我失聪

但那磅礴的水雾

却只舍得打湿我的白色衣角

我把心含在喉口

去看那瘦骨嶙峋的堤坝

是以怎样的决绝卧于湍急的江流

却只看到风在这里迷失方向

被江水卷旋着去向远方

还有一些阳光被擦拭明朗

露出虹的微笑

它以一只臂弯的弧度

揽江河在怀

也揽祖国腹地山水民生在心

★1989年中苏关系正常化★

1989年5月15日，苏联最高苏维埃主席团主席、苏共中央委员会总书记戈尔巴乔夫应中华人民共和国主席杨尚昆的邀请对中国进行正式访问。这次访问是自1959年以来苏联最高领导人对中国的第一次访问。邓小平与戈尔巴乔夫于5月16日举行会晤，宣布中苏两国关系实现正常化。

黎明庞然的亮

十月的麦田大片大片的黄
它们覆握农人的小腿
也在远处模糊边界
两个老伙计
在满眼的金黄里
终于见面　无论是谁
曾只身走过的那些路
都已成为迎着相逢的来路
微不足道的昨天
依然在星斗中悄然睡去
明日东方的地平线
会有黎明庞然的亮

★1990 年中国第一条高速公路全线通车★

1990年8月20日，中国第一条高速公路“沈大高速”正式全线建成开放通车。沈大高速是中国内地第一条通车的高速公路，也是中国内地第一条八车道高速公路，全长348公里，1990年完工时为全部四车道，全立交，全互通。2002年开始拓宽改造，于2004年改造完毕，为八车道高速公路，设计时速120公里。

生命线

草木在它的两侧布下浓稠的绿
在每一个交替的昼夜里
接住太阳　也托起月亮
348 公里的奔波中
有阳光明媚　也有月色安慰
中国版图东北部这片老迈的土地
一条新的生命线静静喘息起伏
给旅行至此的过客
点燃东北大地四季的烟火
也为这片黑土地写下一首远方的诗

★1991年秦山核电站并网发电★

秦山核电站位于浙江省嘉兴市海盐县秦山镇，是我国自行设计、建造和运营管理的第一座30万千瓦压水堆核电站。一期工程由中华人民共和国核工业部主导推进，于1985年动工，1991年12月首次实现并网发电，成为当时中国大陆唯一投产的核电机组。机组在测试运行了两年之后，正式投入商业运营。

国之光荣

月亮爬上泰山之巅
布下深沉岁月和温柔时光
照亮小县海盐
也照见它怀抱的国之光荣
从这里走出的中国核电
万家灯火里
总有一盏光亮属于它

杭州湾在它的脚下
压住一阵风　也托起一阵风
像反应堆里成熟又陌生的变化
总以温润又热烈的面目示人
但在岁月之深的时光中
风从腹部交出无需赞美的伟大

★1992 年邓小平南方谈话★

随着东欧剧变和苏联的解体，世界社会主义运动陷入低潮，经济全球化和世界多极化的进程逐渐加快。在这样复杂的历史背景下，邓小平在1992年1月18日至2月21日先后到武昌、深圳、珠海、上海等地视察，发表了一系列重要讲话，被称为“南方谈话”。

春天的故事

南方的春天是守时的
一场大雨和一束光
是同等重要的事情
他们在朦胧的倾泻里
纵容万物以自由的方式打开
成为送别冬天的最高礼仪

别问他的姓氏
成长最好的姿态是向上
而不是原地的左顾右盼
春光里每一次拔节的声响
都有着雷霆般的力
以及一个欣慰的笑

★1993年毛泽东同志诞辰一百周年★

1993年12月26日，毛泽东同志诞辰一百周年纪念大会在北京举行。江泽民在大会上发表重要讲话，回顾了毛泽东同志一生的丰功伟绩，总结了以毛泽东同志为主要代表的中国共产党人对中国革命和建设事业做出的卓越贡献，阐述了邓小平继承、丰富和发展毛泽东思想，创立建设有中国特色社会主义理论的重大意义。

东方红

晦暗的尘世里　他走来
带着风和雨　还有
东方的红

他在湘江里游泳
沉沉浮浮　一浪高过一浪
身子越发的白

人间是有疾苦的
他用革命修正疼痛
开启新中国

四季的风是浩荡的
泥土从一端到另一端
始终沐浴着东方的红

★1994年开展“八七扶贫”计划★

1994年3月，国务院制定和发布了关于全国扶贫开发工作的纲领《国家八七扶贫攻坚计划》。对当时全国农村8000万贫困人口的温饱问题，力争用7年左右的时间(从1994年到2000年)基本解决，因此被称为“八七计划”。以该计划的公布实施为标志，我国的扶贫开发进入攻坚阶段。

计划一场盛宴

土地延绵到这里
已经青黄不接
残损的手掌抚摸大地
像抚摸皮肤的褶皱
干瘪的腹胃渴望一粒麦子的香甜
坐在荒芜里看落日
八万里的月光也凄冷

一个计划　用七年的时间
去迎接盛大的绿　以及
一场十月天里金黄的盛宴

汇集所有力量和智慧
拯救每一次炊烟的升起

奇妙的人间烟火

总是和大地紧紧相连

祖国便在烟火里有了形状

★1995年中共十四届五中全会通过《关于制定国民经济和社会发展“九五”计划和2010年远景目标的建议》★

1995年9月25—28日中共十四届五中全会在北京举行，会议通过了《中共中央关于制定国民经济和社会发展“九五”计划和2010年远景目标的建议》。《建议》提出，实现“九五”计划和2010年远景目标的关键是实行两个具有全局意义的根本性转变，一是经济体制从传统的计划经济体制向社会主义市场经济体制转变；二是经济增长方式从粗放型向集约型转变。

时光温柔

收起所有的粗粝

在岁月的深处采集时光温柔

晚风自林间吹来

带着潮湿与新绿的气息

给成长一个缓慢的美好

自由的精致的成长

就像无论青禾如何挺拔

十月的麦子必然低下头颅

信步走向每一个日出日落

远方迟早就在脚下

★1996 年在台湾海峡进行大规模军事演习★

1995年李登辉以所谓私人名义窜访美国，在康奈尔大学发表演讲，公开鼓吹“两国论”，声称要打破“外交”上的孤立，将台湾当局在国际上制造“两个中国”的分裂活动推到高潮。中国共产党和中国政府为维护中华民族根本利益，于1995年7月、8月、11月和1996年3月在台湾海峡和台湾附近海域进行了4次大规模的军事演习，显示了反分裂、反“台独”的坚定决心和强大能力。

幸福的振翅

火花跃入海水
以浪花的形式绽放
硝烟升入蓝天
化作白云装点苍穹
这浅浅的一湾海峡
粼粼水波
被月光照着的心疼
是一衣带水的思念
如此说来
那一只小小的白鸥是如此幸福
它们在两岸间往返
提前规划了回家的路线
它们不会在沿途迷路
只是振翅就能抵达幸福

★1997年香港回归★

1982年9月，英国政府与中华人民共和国政府开始就香港前途问题展开谈判。经过两年多达22轮的谈判，最终在1984年12月19日正式签署了《中英联合声明》，决定从1997年7月1日起，中国在香港成立特别行政区，开始对香港岛、界限街以南的九龙半岛、新界等土地重新行使主权和治权。

紫荆绽放

关于你的归来
我们有千万种设想
在每一个庸常的午后与午夜
熠熠生辉
比如　在一个有流星的夜晚
被大地母亲吸引的火热奔赴
让一切虚妄的抵挡
都有着灰烬的下场
然而此刻　一切安然有序
在被按捺住的心跳声中
你从英国王冠中施施然走来
在祖国的怀抱里　重塑金身
蔚蓝的夜风从湖面吹来
光阴在此刻是沉默着的温柔
只有绽放的紫荆花
一面是光　一面有露

图题:《回归》

作者:赵晓晓

★1998年我国发生特大洪水★

1998年长江、嫩江、松花江等江河流域地区发生了自1954年以来的又一次全流域性大洪水。全国共有29个省(区、市)遭受了不同程度的洪涝灾害，其中江西、湖南、湖北、黑龙江四省受灾最为严重。在此次洪灾中，数十万人民子弟兵投入抢险救灾的工作中，扛着沙袋用血肉之躯去堵住洪水，保护人民群众的生命和财产安全。

水中的麦子

水草疯长
青黄的麦子被它连根拔起
如果你在
不仅能听见洪水
在这瘦弱的小路上呼啸
也一定能听见麦子的哭泣

这一次的自由
不是爱　是报复
它每向我们靠近一些
世间就多几分疾苦
不受约束的自由
终点是灰烬

但祖国始终是美的

在狼藉的残破里

总有人挺身抵挡

他们身着绿色、黄色的衣服

像水中哭泣的麦子

重新站起来

紧紧护着脚下的土地

★1999 年我国无人试验飞船神舟一号升天★

1999年11月20日凌晨，长征二号F运载火箭托举着我国自行研制的神舟一号无人试验飞船首次访问太空，精准送入预定轨道。11月21日凌晨，神舟一号飞船顺利降落在内蒙古中部地区的着陆场。中国载人航天工程首次飞行试验取得圆满成功。神舟一号试验飞船的成功发射与回收，标志着我国载人航天技术获得了重大突破。

飞船的使命

十一月二十日熹微的清晨
神舟号先于太阳升起
大地在明黄的炙烤下颤抖
心脏在喉口向外扑腾
无人飞船载着人的使命
开启了陌生异乡的旅行
浩瀚而精致的宇宙
亿万星子在闪烁
指引了一条隐秘的路径
它会解答月光的哀愁
也会讲述星云的壮丽
但终点仍是人间的草色青青

★2000年江泽民提出“三个代表”重要思想★

2000年2月25日，江泽民同志在广东省考察工作时，从全面总结党的历史经验和如何适应新形势新任务的要求出发，首次对“三个代表”重要思想进行了比较全面的阐述。“三个代表”重要思想具体内容为：中国共产党始终代表中国先进生产力的发展要求、中国先进文化的前进方向、中国最广大人民的根本利益。

新的光辉

月亮撑着高楼向上攀升
南方以南的广州
总是在夜色里
有着最美的霓虹最美的月
二月的广州
风中仍有湿气与寒意
但无比明艳的太阳
也让恰好的春光在这里照耀
翻涌的赤色旗帜
又多出一抹新的春晖

★2001年中国加入世界贸易组织★

2001年11月10日，在卡塔尔首都多哈举行的世界贸易组织第四届部长级会议以全体协商一致的方式，审议并通过中国加入世界贸易组织的决定。12月11日，中国正式成为世界贸易组织成员，中国对外开放进入新的阶段。

白鸽口衔绿橄榄

光阴在这片土地一寸寸亮起
白鸽已经飞绕地球几周
最终选择停留在这里
他口衔绿橄榄推开祖国大门
将绿橄榄放置桌角
等待月光下的绽放

白鸽和绿橄榄一样
从远道的日内瓦而来
单薄的翅膀和透明的叶片一样
每一次振动都让世界的山水颤抖
所以在无垠的土地上
他选择这里的月光这里的夜

★2002年南水北调工程开工★

世界上最大的水利工程，中国南水北调工程于2002年12月27日上午正式开工建设。开工典礼在北京人民大会堂和江苏省、山东省施工现场同时举行。南水北调工程分东、中、西三条线路，东线工程起点位于江苏扬州江都水利枢纽。中线工程起点位于汉江中上游丹江口水库，供水区域为河南、河北、北京、天津四个省(市)。

流水的情感

应有礼炮响起
欢庆这清澈的流水
有了更神圣的意志与流向
从南到北
一路颠簸一路欢笑
风沙落下　绿叶舒展
每一滴水都捂着胸口的热
但澎湃仍在每一朵浪花上雀跃
北方　终究是适合水的
被需要是一种柔软的情感

★2003年神舟五号载人飞船发射成功★

神舟五号载人飞船是中国载人航天工程发射的第五艘飞船，也是中华人民共和国发射的第一艘载人航天飞船。2003年10月15日9时整在酒泉卫星发射中心发射，飞船搭载航天员杨利伟在轨运行14圈，历时21小时23分。神舟五号的成功发射实现了中华民族千年飞天的愿望。

宇宙的馈赠

敦煌的砂砾在这一刻颤抖

岩壁上的飞天女衣袂如真

沸腾的火焰让万物喧嚣

也让万物宁静

仿佛一个平行宇宙的入口

在亿万星系的沉默中

来自地球　来自中国的异乡人

正好奇地打量眼前的一切

而他的背后

还有十三亿个热切的期盼

浩瀚宇宙对秘密开诚布公

也给这壮丽的人间以锦囊

一个是光明

一个是未来

图题:《冲上云霄》

作者:马银雪

★2004年“西气东输”工程全线建成并正式运营★

“西气东输”工程是我国当时距离最长、口径最大的输气管道，西起塔里木盆地的轮南，东至上海。“西气东输”工程于2004年1月1日正式向上海供气，2004年10月1日全线建成投产，2004年12月30日实现全线商业运营。

从一而终

比山风更低调
比江水更磅礴
贯穿中国腹地的东与西
一条气龙在管道里疾速前行

它允许沿途植被根系的缠绕
也包容每一个没有星月的夜
只在祖国大地的最深处
完成神谕般的使命

耀眼的火焰从不保留热
胸腔里的气量让人惧怕
从西部风沙到烟雨江南
只对发光散热从一而终

★2005 年中国科考队登上南极冰盖最高点★

2005年1月18日3时16分，在挺进南极内陆冰盖1200多公里后，中国南极内陆冰盖昆仑科考队确认找到了南极内陆冰盖的最高点：南纬80度22分00秒，东经77度21分11秒，海拔4093米。这是人类首次踏上南极内陆冰盖最高点。

地球的孤独点

一层一层的积累
在世人不闻不问的地方
让每一个三百六十五天都有攀升
当然　也没放过四年一遇的三百六十六天
终于　你成了地球最孤独的一个点
——南极内陆冰盖的最高点
头戴不可接近之极的王冠
放弃了对人类的等待
就像忘却了那日复一日的积累
不过是希望被人看见
你无法动弹　你不言不语
也不再相信奇迹
一个又一个春天被你冰冻在脚下
直到一组科考队的到来
为你插上一面五星红旗

★2006 年青藏铁路全线通车★

2006年7月1日，世界上海拔最高、线路最长的高原铁路——青藏铁路全线建成通车。青藏铁路分两期建成，一期工程，东起青海省西宁市，西至格尔木市，于1958年开工建设，1984年5月建成通车；二期工程，东起青海省格尔木市，西至西藏自治区拉萨市，于2001年6月29日开工，2006年7月1日全线通车。

崇山峻岭间

唐古拉山上架起彩虹
昆仑山间有巨龙穿行
那些苍老的神秘
从此向世人撩起面纱

茫茫戈壁　绵绵雪地
一片灰色叶子被卷起
它从未感受过这样的速度
每一次的翻卷都无比新奇

雄鹰在天上盘旋
每一根羽毛都指向神圣远方
世界屋脊的脊背又高出几分
恰是黑夜淹没不到的高度

在生命禁区中打开一束光

它被雪山折射成圣光

在轰隆声中完成广袤的行进

去向山巅上月亮的藏身处

★2007年内蒙古自治区成立60周年★

内蒙古自治政府成立于1947年5月，第一任主席乌兰夫。1949年12月改称内蒙古自治区人民政府。1954年6月，绥远省撤销，其行政区域并入内蒙古自治区。内蒙古自治区是中国成立最早的省级民族自治地区。

以后要做的事

辽远的歌曲
总在这片疆域响起
东边草原西边荒漠
风在这里也温柔也粗粝
恰到好处地覆握牧民婉转哨音

这里的人也一样
一半柔情一半豪迈
像我这样的人
这里遍地都是

如果以后有了爱人
我要带她去内蒙古
在草原的夜里收纳星光
也在荒漠的尽头
看三次日升日落

★2008年北京奥运会举办★

2008年北京奥运会又称第29届夏季奥林匹克运动会，2008年8月8日晚上8时整在中国的首都北京开幕，8月24日闭幕。2008年北京奥运会共创造43项新世界纪录及132项新奥运纪录。中国以51枚金牌居金牌榜首名，是奥运历史上首个登上金牌榜榜首的亚洲国家。

这里有光

长街的灯隐去长夜的星

欢呼成为今晚惊雷的喜悦

百年沧海的奥林匹斯山

点燃照亮世界的光

有人说

“阳光下的火本身是熄灭”

但燃烧精神的火焰

它又怎会轻易黯然

就算一场大雨也不能

相连的五环串着五大洲

完成了大陆板块做不到的事情

五千年文明的古国是值得的

站在巴特农神庙的至高点

你会看到这里的光

★2009年新中国成立60周年★

2009年10月1日上午，首都各界庆祝中华人民共和国成立60周年大会在北京天安门广场举行，20万军民以盛大的阅兵仪式和群众游行欢庆新中国60华诞。这次大会被誉为“全世界最大生日派对”，各地各界群众、海外华人也都举行了盛大的庆祝活动，衷心祝愿伟大的祖国繁荣昌盛。

我见过

这个十月

麦子和玫瑰一同盛开

秋风驻足这片土地

以流水的姿态拂握脚踝

让这个秋季盛大又隆重

我见过天安门前呼啸的飞机

彩色烟带是它驶远的痕迹

我见过军人方队整齐的步伐

也听见他们嘹亮的口号

不止于此　不只这个季节

我还见过祖国的四季

见过祖国万千众生

我同他们一样

在祖国的四季里生活

也在四季里为祖国

热泪盈眶

★2010年上海世博会举办★

2010年5月1日至10月31日期间，在中国上海市举行第41届世界博览会。自1851年英国伦敦举办第一届博览会以来，世博会因其发展迅速而享有“经济、科技、文化领域内的奥林匹克盛会”的美誉，并已先后举办过40届。本次世博会也是由中国举办的首届注册类世界博览会，主题为：城市，让生活更美好(Better City, Better Life)。

来自四海的风

来自四海的风在这里收紧
汇聚一团　抵达上海
那些亮起的没亮起的霓虹
都撞见了不同国度的珍宝
以及各国人民的才智

来自四海的风在这里扩散
缀成星辰　照亮夜空
那些遇到的没遇到的面孔
都扬起相同温暖的笑脸
以及各国人民的友善

风从四海而来
在这里汇集
也在这里扩散

每一缕拂过的风

都夹杂着异域文化的羁绊

每一丝缠绕的风

都怀着交融发展的暖

★ 2011 年利比亚撤侨 ★

2011年2月16日，数百名利比亚民众在该国第二大城市班加西举行抗议活动，与当地警方和政府支持者发生冲突。截至2月24日，利比亚骚乱已造成300人遇难。随着利比亚局势急剧恶化，中国国务院迅速启动国家涉外突发事件I级响应机制，从2月22日至3月5日连续12天中，将分布在利比亚各地的35860名受困中国公民全部安全撤出，这是新中国成立以来最大规模的有组织撤离海外公民的行动。

出路

战火在利比亚燃烧
破碎的房屋与街道
要用多少时日的岁月
才能抚平创伤

如果众生生命有价
多少枚炮弹才能相抵
无辜的眼神　流血的伤口
四季要多少次轮回
才能擦干愈合

硝烟肆虐的城池
一面五星红旗就是出路
我在骄傲里向战火唾弃
也在众生伤痛疾苦里垂泪

★2012 年蛟龙号载人核潜艇潜海世界最深处★

蛟龙号载人潜水器是一艘由中国自行设计、自主集成研制的载人潜水器，也是863计划中的一个重大研究专项。2012年6月，在马里亚纳海沟创造了下潜7062米的中国载人深潜纪录，也是世界同类作业型潜水器的最大下潜深度纪录。

蛟龙入海

大海在这一刻屏住呼吸
所有的浪花　所有的白鸥
也都停止翻涌与盘旋
像巨大喜悦来临前片刻的失语
只有蛟龙直抵大海的腹地
在 7062 米的深度
掏出游鱼与藻荇
还有一些未曾见过的精灵
在这月光抵达不到的地方
有祖国热血的沸腾
也有人民心底的骄傲

★2013年《习近平关于实现中华民族伟大复兴的中国梦论述摘编》出版发行★

2012年11月29日，在国家博物馆，中共中央总书记习近平在参观“复兴之路”展览时，第一次阐释了“中国梦”的概念。他说：“大家都在讨论中国梦。我认为，实现中华民族伟大复兴，就是中华民族近代以来最伟大的梦想。”2013年《习近平关于实现中华民族伟大复兴的中国梦论述摘编》出版发行，此后，围绕统筹推进“五位一体”总体布局、协调推进“四个全面”战略布局等，习近平有关论述摘编、专题文集相继出版发行。

梦

总在祖国大地响起的
是历史的钟声
风从耳边吹过
金色的麦浪一浪高过一浪
我想在那片田野翻滚
然后望着天空出神
做一个关于未来的梦

幅员辽阔的大地
它包容每一片灰色落叶
也接纳每一个爱做梦的人
就像宏大的国家梦想
它联结人类命运的共同体
也轻覆芸芸众生平凡的每一个

★ 2014 年中共中央、国务院印发《丝绸之路经济带和 21 世纪海上丝绸之路建设战略规划》★

“一带一路”(The Belt and Road，缩写B&R)是“丝绸之路经济带”和“21世纪海上丝绸之路”的简称，2013年9月和10月由中国国家主席习近平分别提出建设“新丝绸之路经济带”和“21世纪海上丝绸之路”的合作倡议。

驼铃再响起

驼铃铃音自百年前传来
在新时代的强音下回荡
我们双手合于胸前
总是担心此生不够虔诚
曾经沙海茫茫的丝绸之路
如今与大海相互指认
在边界模糊的沿路
文化的影子逐渐清晰
我们又何必担心深夜前行
毕竟星光在这里点缀
毕竟月光永远温柔
只要光常在心中亮起
沿路走去
便只是与时间的对峙与相伴

剩下的事情

就是不远的前方

世界明亮如昼

★ 2015 年屠呦呦获得诺贝尔医学奖 ★

屠呦呦(1930 年 12 月 30 日－)，女，汉族，中共党员，药学家。她多年从事中药和中西药结合研究。2015 年 10 月，屠呦呦获得诺贝尔生理学或医学奖，理由是她发现了青蒿素，该药品可以有效降低疟疾患者的死亡率。她成为首获科学类诺贝尔奖的中国人。

镁光灯照在你身上

在时光的沉淀里有了新的香醇
隔着万水千山
送来雨季的青
为你鼓掌的人太多
我只在你看不到的地方
举起一杯月色
敬向你所在的位置
我不过也是大多数之一
只为镁光灯下的你欢喜
灯亮前的漫漫长夜
不知你的存在

★2016年G20峰会在杭州举行★

G20峰会是一个国际经济合作论坛，于1999年12月16日在德国柏林成立，属于布雷顿森林体系框架内非正式对话的一种机制，由原八国集团以及其余十二个重要经济体组成。2016年9月4日至5日，二十国集团领导人第十一次峰会在中国杭州举行，峰会主题是“构建创新、活力、联动、包容的世界经济”。

杭州印记

断桥未断

行人到这里

总想在最高处相遇

烟雨西湖　潋滟西湖

所有的温柔妩媚

都在今夜打开

莲叶掩游鱼　荷花相映红

最多情的尘世

是杭州

打开这座城市的所有

以最中国的方式迎接来客

是她恰到好处的持重

二十个国家的峰会

一份公报

二十八个成果文件

都沾着中国江南的水汽

也烙下这座城市的印记

★2017年设立雄安新区★

2017年4月1日，中共中央、国务院印发通知，决定设立国家级新区河北雄安新区。雄安新区位于河北省中部，地处北京、天津、保定腹地，为河北省管辖的国家级新区。这是以习近平同志为核心的党中央做出的一项重大的历史性战略选择。

雄安

辽宋栈道通向历史深处
文化的底蕴在这里活色生香

白洋淀的芦苇盛大热烈
模糊的生态在这里清澈明朗

三贤文化在时光中历久弥新
激励着在这里生活的勤朴人民

新时代千年大计蓝图降临这里
八千年沉淀迸溅满天星斗

★2018年港珠澳大桥通车★

港珠澳大桥是中国境内一座连接香港、广东珠海和澳门的桥隧工程，位于中国广东省珠江口伶仃洋海域内，为珠江三角洲地区环线高速公路南环段。港珠澳大桥于2009年12月15日动工建设；于2017年7月7日实现主体工程全线贯通；于2018年2月6日完成主体工程验收；同年10月24日上午9时开通运营。

这里有座桥

这里有百舸争流
这里有川流不息
这里是港珠澳大桥
桥中珠穆朗玛

从陆地到海底
如一条巨龙
在最靠近明亮的地方
以生命的姿态贯穿

夜色里灯火通明
如同坠入水中的银河
在湿润的晚风里
照亮回家的路

★2019年新中国成立70周年★

2019年10月1日，庆祝中华人民共和国成立70周年大会举行，习近平发表重要讲话。庆祝大会后，举行盛大的庆祝中华人民共和国成立70周年阅兵式和群众游行。中共中央、国务院、中央军委颁发“庆祝中华人民共和国成立70周年”纪念章。

我投入你怀抱

一个国家的七十年或许不长
但她的根系可以绵延五千年
五千年文明哺育七十年灿烂
结下的所有驼红色果实
都在情理之中

我今年不过二十四岁
骨瘦如柴　手无缚鸡之力
但胸口有按不住的热
她的颜色和国旗一样
她的温度与大地一致

说爱　对我这种半大的男生来说
是羞涩　是面红耳赤的躲闪
但这爱确是真的

她在我肩上的明月莺飞
也在我脚下的实践求真

我在她的怀抱
像一滴水投入大海
也像一粒种子坠入林间
但只要她需要
我可以击穿岩石　生根茁壮

★ 2020 年新冠肺炎疫情爆发 ★

新型冠状病毒肺炎，简称“新冠肺炎”，世界卫生组织命名为“2019冠状病毒病”，是指2019新型冠状病毒感染导致的肺炎。来势汹汹的新冠病毒肺炎，对人民的生命财产和身体健康带来了巨大的挑战。但是中国人民在中国共产党的坚强领导下，沉着应对，经受住了严峻的考验。

怀里有个春天

我曾幻想无数个春天到来的方式
甚至用心跳计算时间的流逝
可眼底恣意的不是绿色生机
是用毛孔都能感受到的急促呼吸
涓滴平凡的生活和倏忽而来的灾难
对比之中也许更能触摸到生命的真实

或许黑暗会使众生平等
但他们仍是一簇危险的火苗
在黑暗中摸索着坚持
带来希望　也带来愧疚
在我们的悲伤之外
或许你才明白
万物先于我们打开
比如这个大病了一场的春天

每个人怀里都该拥有一个春天
因为健康、美丽
不会走失于流水或星光
就像头顶光环的不只有天使
还有人只穿一身素衣
却把光环藏在怀里

这个春天
我们在夜色里去向不明
手持灯盏的人不需要悲恸的解释
因为这不是凛冽的寒冬在与你为敌
月光怜惜一朵瘦小的哀愁
也会照亮脚下的泥土
朦胧的微风从这里经过
拂动鲜红的旗帜
也轻抚你温暖的生命

图题:《百年辉煌》

作者:赵晓晓

★2021年中国共产党建党百年★

2021年是中国共产党成立100周年。中国站在“两个一百年”的历史交汇点，全面建设社会主义现代化国家新征程即将开启。为庆祝党的百年华诞，党中央举行了一系列隆重的庆祝活动。

百年新人间

风从百年前吹来
夹带着历史的厚重与缥缈
一个又一个的我
在此间举起赤色旗帜
像晚霞亲吻树冠
也像天风托举翅膀
这所有的行为
都在来不及说出的爱里沉醉

镰刀斧头是属于浩荡秋风的
它们在秋风里品尝第一穗麦子的香甜
也在飘扬的旗帜里追逐向晚的云朵
就像有风雨的百年
也是彩虹明艳的百年
只是红船依旧在来处微微荡漾

仿佛一切都不曾改变
但祖国大地所到之处
却又是新的人间

附　录　题词、插图作者简介

贺凯琳　抗美援朝女老兵。16岁从军入伍，曾参加湘西剿匪战斗、广东普宁等地的土改工作。1952年9月参加抗美援朝战争，在战场从事后勤保障、思想文化和宣传工作，在战斗中多次身负重伤，荣立战功。获由中共中央、国务院、中央军委颁发的“庆祝中华人民共和国成立七十周年纪念章”“抗美援朝七十周年纪念章”。书画作品获“国粹杯”“中国实力派人民艺术家”“军旅骄子”等称号，作品收录到《祖国颂》等书刊。

其孙女黄晓蕾，本科毕业于北京大学新闻学专业，研究生毕业于北京大学教育经济与管理专业，曾任北大校报副主编，曾参演话剧《间隔年》并获北京大学剧星大赛冠军。现供职于华能信托家族信托办公室。

马银雪　东北财经大学会计学本科，校女子十二乐坊创始成员，擅长巴乌、葫芦丝等民族乐器，爱好绘画、摄影。现供职于华能贵诚信托公司信托十部。

王安南 清华大学美术学院2019级工业设计系本科生，2020年获得清华志愿公益与社会工作奖学金，于清华大学粉刷匠协会担任设计部部长，参与并带领多个社会实践支队进入乡村学校中进行环境美化与支教等活动。曾于2020年暑期参加华能贵诚信托公司联合清华大学赴黔支教活动，并担任学生队长一职。

黎　科 清华大学美术学院2019级工艺美术系本科生，曾获“2022TTF中华十二生肖奥林匹克创意大展”虎年作品征集大赛三等奖，2020年获得国家奖学金，2020年疫情期间摄影作品《阳台上，阳台下》被清华大学艺术博物馆收藏。曾于2020年暑期参加华能贵诚信托公司联合清华大学赴黔支教活动。

陈吉安雪 耶鲁大学东亚文学系大二学生，高中毕业于世界联合书院·常熟。在校曾任古典文学社社长，民乐社副主席并筹办年度音乐会，人文学院院长办公室助理，个人项目获得伯克利东亚研究中心年度科研奖，申请并入选2021年华能贵诚信托公司全球精英暑期实习计划。

赵晓晓 清华大学美术学院2019级工业设计系本科生，参与2019年清华大学SDG开放创新马拉松挑战赛、2020年第四届立邦“为爱上色”中国大学生农村支教奖入围、“筑爱造梦”暑期支教、2020年碧桂园“未来契约”青年社会设计大赛并获“特别荣誉大奖”，曾于2020年暑期参加华能贵诚信托公司联合清华大学赴黔支教活动。

后记

2021年，中国共产党成立100周年。品读党史、学习党史，赫然发现：百年栉风沐雨一路留下的是星河灿烂。

在这璀璨的星河里，有民族精神熠熠生辉，也有人民意志灼灼闪耀。在这光芒中，蕴藏有个体的无私奉献，蕴藏有群体的壮烈牺牲，更蕴藏有社会在动荡中的坚守与选择——历史没有遗忘每一个为光明奋斗过的生命个体。当然，除了疼痛、悲怆、壮烈，更多的是澎湃——为每一次胜利的欢呼，为来之不易的自由欢喜，为光明与希望风尘仆仆到来的喜极而泣……这些情绪轻而易举地操控我们的多巴胺、肾上腺素，让血脉激情澎湃，也让跳动的心脏加速。

我想，在这期间，我们每一次表情的微妙变化，我们每一次呼吸的颤栗，我们每一次心潮的澎湃，都会化作时代洪流中的一滴水，静水深流，形成我们这个民族的伟大精神谱系，源远流长。

正是因为有了这些感叹、感慨与感悟，所以我才选择拿起笔，希望将百年党史里那一件件触动心灵的伟大事件、一种种涤荡灵魂的伟大精神用自己的情感书写出来。然而，家国是宏大的话题，历史是厚重的叙事，我该如何用拙稚的笔触去描绘心中的澎湃？思量再三，我选择温润的、温暖的、温良的诗句，用最纯洁的、最神圣的、最通透的文体去书写最伟大的历史以及我作为生命个体独有的情感。当然，对于我这种半大的男生来讲，直抒胸臆的情感总是会让人面红耳赤，所以你读你品，便可以轻易地在朦胧的意象中瞥见奋力遏制的情感，一如诗人余秀华说的那样“我是在以最沉默的感情爱你/没有时刻把你挂在嘴上/因为这爱就是一个人的性命/不敢炫耀”。

诚然，真正的爱意是掩饰不住的。我也总是写着写着就情不自禁地将心底那份深沉的爱表露出来。比如在为内蒙古自治区成立60周年而作的《以后要做的事》这首诗中，许是有了家乡情感的二度发酵，我第一次将第一人称“我”贯穿全诗：“如果以后有了爱人/我要带她去内蒙古/在草原的夜里收纳星光/也在荒漠的尽头/看三次日升日落”；当然，情感的流露，也并不全然在于已经历已发生的类在场主义，还有一些发乎于热切的盼望，比如在读完1979年发表的《告台湾同胞书》后，当我创作诗歌时，明显感受到了笔尖的炽热与诚挚，但仍克制地写道：“如果星光此刻坠入杯盏/就将这半满的酒杯敬向月光/因为月光有多清冽/这盼望就有多浓稠。”还有在最后一首为建党百年而作的诗歌中，我闭着眼睛回想读过的所有党史，闭着眼睛想着自己在新时代所拥有的美好生活，便不由自主、一气呵成地写下了：“一个又一个的我/在此间举起赤色旗帜/像晚霞亲吻树冠/也像天风托举翅膀/这所有的行为/都在来不及说出的爱里沉醉。”这些诗句情感的饱和度，也让我自己为之惊诧。但奇妙的是，在写下这些诗句后，我仍可以面不改色心不跳地转头与舍友笑着谈天说地，仿佛刚刚所有的深情，都不曾来过。

但我知道他来过，并在我的心中留下了无法抹去的痕迹。

说到感情，不得不提的还有诗集的名字“一片冰心”。“一片冰心”这个成语出自唐代诗人王昌龄《芙蓉楼送辛渐》中的千古名句“一片冰心在玉壶”。“一片冰心”是指纯洁的心、干净的心。在此，我借用过来做为诗集的名字，一是指自己在阅读学习党史时的谦卑之心、对中国共产党的一片赤诚之心，以及自己在写作诗歌时干净纯粹的心境，不曾杂糅任何其他。另一方面，更重要的是指中国共产党百年历史走来，无论是风雨如晦的年代、改革建设发展的时代还是蓬勃繁荣的新时代，始终怀揣初心，不曾忘却使命，这份赤诚与坚守，无疑是一片最真挚的冰心。所以，为了更好地契合主题凝聚焦点，在编辑老师的建议下，诗集的名字正式定为《一片冰心——百首诗歌献给党》。而这，也是当下之我，能够为这片“冰心”做到的唯一。

因此，希望你满意，也是我有关这本诗集最后的忧思。

在最后的结尾处，仍不可免俗地想表达感谢。因为梳理成长、梳理创作，仍是一路逢着无数机遇与贵人，心怀感念，无法不言表感激。

感谢我的公司华能贵诚信托公司，身为央企，积极响应号召，认真踏实开展党史学习活动，为我写作本书提供了撕开口子的契机以及创作的平台与空间。身为成年人，我深切明白身处职场，很多事情身不由己，但我的公司恰恰相反，它给予我成长所需的空间，以包容的胸怀助力每一名青年员工成长成才。

感谢我的领导赵刚先生。写作诗集的想法虽源自我，但在写作过程中，他给予了大力支持。而且，我觉得更重要的是，初入职场，他决然将我安排在党建部，这为身为党员的我能够在纯正理论指导下的系统学习提供了必要平台与机会，更为本书的创作以及我日后的发展提供了必要的养料。而这也是我先前所讲的机遇。

还要感谢我的父母为我提供强大的精神支持。他们知道我拖延症严重，每次都会敦促我先做事再娱乐，不仅如此，我也常常拿着刚刚写出的诗歌为他们大声诵读，一来体味感情，二来想以父母最朴素的直觉来验证诗歌内容是否有失偏颇，每次他们都积极配合，让我温暖感动。还有意外收获是他们偶尔也能提出建设性意见，我发觉诗歌经过打磨后更有味道。

感谢出版社的领导以及编辑老师，他们为本书的编辑、出版工作付出大量心血，感激不尽。还有那些在写作过程中给予我建议、指导、鼓励和帮助的前辈、老师、朋友们，在此一并感谢他们。

葛元利